# BEI GRIN MACHT SICH IHR WISSEN BEZAHLT

Anonym

# Der zwischenmenschliche Umgang im Sufismus des 11. Jh. am Beispiel des Werks "Das Elixier der Glückseligkeit" von Al Ghasāli

GRIN Verlag

**Bibliografische Information der Deutschen Nationalbibliothek:**

Die Deutsche Bibliothek verzeichnet diese Publikation in der Deutschen National-
bibliografie; detaillierte bibliografische Daten sind im Internet über http://dnb.d-
nb.de/ abrufbar.

**Impressum:**

Copyright © 2014 GRIN Verlag, Open Publishing GmbH
Druck und Bindung: Books on Demand GmbH, Norderstedt Germany
ISBN: 978-3-668-01085-7

**Dieses Buch bei GRIN:**

http://www.grin.com/de/e-book/301890/der-zwischenmenschliche-umgang-im-
sufismus-des-11-jh-am-beispiel-des

**GRIN - Your knowledge has value**

Der GRIN Verlag publiziert seit 1998 wissenschaftliche Arbeiten von Studenten, Hochschullehrern und anderen Akademikern als eBook und gedrucktes Buch. Die Verlagswebsite www.grin.com ist die ideale Plattform zur Veröffentlichung von Hausarbeiten, Abschlussarbeiten, wissenschaftlichen Aufsätzen, Dissertationen und Fachbüchern.

**Besuchen Sie uns im Internet:**

http://www.grin.com/

http://www.facebook.com/grincom

http://www.twitter.com/grin_com

Lehrstuhl für Religionswissenschaft

Fakultät für evangelische Theologie

Ruhr-Universität Bochum

Studiengang:       BA Religionswissenschaft

Modul:            MR04-1

Lehrveranstaltung: Islam I-Eine Einführung in die Religion und frühere Geschichte

Semester:         Sommersemester 2014

## Hausarbeit als Modulprüfung
## im Modul MR04

# Der zwischenmenschliche Umgang im Sufismus des 11. Jh. am Beispiel des Werks „Das Elixier der Glückseligkeit" von Al Ghasāli

Eingereicht am:

14.08.2014

Studienfächer:     BA Religionswissenschaft und Linguistik

Fachsemester:     4.

# Inhaltsverzeichnis

# 1. Einleitung

Die vorliegende Arbeit befasst sich mit dem Thema des Sufismus im 11. Jahrhundert, welcher anhand des Werks „Das Elixier der Glückseligkeit" von Imam Al-Ghazâli verdeutlicht werden soll.

Ich werde zuerst das Leben und die Werke des Imam Al-Ghazâli vorstellen. Anschließend möchte ich die Definition des Sufismus Begriffs und die Historie näher erläutern, da Ghazâli in der zweiten Periode des Sufismus eine wichtige Rolle gespielt hat. Im Anschluss werde ich einen kurzen Überblick zum Freundschaftsverständnis von Ghazâli geben und die zwischenmenschlichen Pflichten der Freundschaft in Gott im Werk näher betrachten. Diese werde ich anschließend mit dem Sufismus Verständnis analysieren, da ich speziell die Freundschaft unter Sufis betrachten möchte. Im Fazit folgt eine kurze Zusammenfassung und die Antwort auf die Frage: „Wie ist der zwischenmenschliche Umgang bei Freundschaften im Sufismus des 11. Jahrhunderts, am Beispiel des Werks „Das Elixier der Glückseligkeit" von Al-Ghazâli?"

# 2. Biographie Imam Al-Ghazâli

Abû Hamid Muhammad ibn Muhammad al-Ghazâli wurde 1058/59 in Tabarân-Tûs, Iran, geboren. Er war Schüler beim Gelehrten al-Dschuwaini an der Nizâmiyya Madrasa nähe Nishapur. 1091, nach dem Tod seines Lehrers, ging er zum Hof des großen Seldschukensultans Malikshâh und seinem Wesir Nizam al-Mulk, welcher ihn zum höchsten Professor der Nizamiyya Madrasa in Bagdad ernannte. Nach der Ermordung des Wesirs al-Mulk verließ er Bagdad 1095 in einer spirituellen Krise. Al-Ghazâli wandte sich dem Sufismus zu. Er wanderte nach Palästina und Syrien, wo er dann erkannt hat, dass sein religiöses Leben als Virtuose nicht vereinbar ist mit seinen Diensten auf Höfen. Aus diesem Grund schwörte er, dass er seine Dienste weder an den Höfen von Sultanen oder Wesiren, noch an staatlich finanzierten Schulen anbieten würde. Danach lehrte Al-Ghazâli an kleinen Schulen, die aus privaten Spenden finanziert wurden. Nach seiner Wallfahrt 1096 kehrte er zurück nach Tûs, wo er in einer kleinen privaten Schule unterrichtet und einem Sufi Konvent angehört hat. 1106 brach er seinen Schwur und kehrte an die Nizâmiyya Madrasa in Nishapur zurück und lehrte dort bis zu seinem Tod 1111.[1]

Zur Philosophie hatte Ghazâli eine zwiegespaltene Haltung. Zum einen bezieht er sich in seinen Werken auf griechische und islamische Philosophie. Zum anderen lehnte er die Philosophie als Weg zur Wahrheit ab, und lehrte den Weg zum Gottesbewusstsein aus dem Herzen, da nur so die unislamischen Faktoren ausgeblendet werden.

Im Gegensatz dazu sah Ghazâli in seinem Sufismus-Denken die reine Philosophie und die Theologie nicht als erforderlich, da sie keine Glaubensbasis bilden. Er sah die persönliche Erfahrung als notwendig, um den besten Weg zum geistlichen Verstehen zu finden. Natürlich war die Theologie auch wichtig, da es den wahren Glauben und die wahre Praxis schütze.[2]

Al-Ghazâli trug viel zur Anerkennung des Sufismus im Islam bei. Er hat zu vielen verschiedenen Themen Werke veröffentlicht, wie zum Beispiel der Theologie, dem Sufismus, der Philosophie, dem Recht und der Logik. Weiterhin hat er eine Autobiographie geschrieben, in der er seine Verwirrung und die Erlösung davon beschreibt. Imam Al-Ghazâli war islamischer Theologe, Philosoph und Mystiker zugleich und gehört bis heute zu den bedeutendsten religiösen Denkern des Islam und auch der ganzen Welt, da er einen bemerkenswerten Blick auf Philosophie hatte.

## 3. Der Sufismus

Der Sufismus ist die Mystik im Islam. Das Ziel der Sufiyya ist es, den *tauhid*, also die Einheit und Einzigartigkeit Gottes, zu verinnerlichen. Dies geschieht durch die Disziplinierung und Reinigung des Selbst von irdischen Begierden,

---

1 Al Saad, Silvia (2000): „Die Autobiographie von al-Ghazali" in: *al-Sakina*, http://www.al-sakina.de/inhalt/studien/ghazali/ghazali.html (Letzter Zugriff: 12.07.2014)
2 Clarke, Peter B.: „Islam-Unterwerfung unter Gott", in: Peter B. Clarke (Hrsg.): Atlas der Weltreligionen, 3.Aufl., München: Frederking und Thaler 1998, S.84-120, hier: S. 98. (Im folgenden Abgekürzt: Clarke1998.)

wozu man Meditation ausüben und sich von der Welt abkehren muss. Bei den Meditationsübungen sind Atemübungen und rhytmische Bewegungen sehr wichtig. Außerdem spielt *dikhr*, das Wiederholen göttlicher Namen in Begleitung von Musik, Tanz und Gesang,[3] eine große Rolle, da dies den Sufi Gott näher bringt und die Liebe zu ihm wachsen lässt.[4] Natürlich ist hier auch das Ideal, die goldene Mitte zu finden, da es islamwidrig gesehen wird, wenn man extreme Askese oder übertriebene religiöse Handlungen betreibt.[5] Historisch unterteilt man den Sufismus in zwei Perioden. Die erste geht vom 7. bis zum 10. Jahrhundert und wird als Frühklassischer und ab dem 9. Jahrhundert als Klassischer Sufismus benannt.[6] Hier haben sich die Begrifflichkeiten entwickelt. Und zwar kommt die Bezeichnung Sufismus vom arabischen Wort *„sūf"*, welches „Wolle" bedeutet. Der Begriff wird vom Wollgewand der Mystiker abgeleitet. Im Singular wird von dem *Sufī* gesprochen und im Plural von der *Sufiyya*. In der Frühklassischen Zeit des Sufismus steht die persönliche religiöse Erfahrung im Mittelpunkt.[7] Durch Musik und Gedichte meditiert der Sufi, um seine Liebe zu Gott zu intensivieren, welches dann bis zur Ekstase führen kann. Den *dikhr* übt die Sufiyya kollektiv aus.[8] Der Frühklassische Sufismus wurde von asketischen Bräuchen der christlichen Mönche, den Zoroastriern und auch von der hinduistischen Wedanta-Philosophie beeinflusst[9], was auch die Meditativen Übungen und das Wollgewand der Sufiyya erklärt, da diese Gewänder auch in anderen Traditionen getragen wurden.[10]

Der wichtigste Mystiker seiner Zeit war Hasan al-Basri (642-728). Er wird als Vater des Sufismus gesehen, obwohl er selbst keine Bewegung gegründet hatte.[11] Jedoch bildeten seine Schüler eine klosterähnliche Gemeinschaft in

---

3  Krämer, Gudrun: Geschichte des Islam, 2. Aufl., München: Deutscher Taschenbuch Verlag 2011, S.163.
4  Meier, Fritz: „The mystic path", in: Bernard Lewis (Hrsg.): The world of Islam, London: Thames and Hudson 1976, S.117-128, hier: S. 117.
5  Krämer 2011, S. 162.
6  Meier 1976, S. 117f.
7  Ebd.
8  Ebd.
9  Clarke 1998, S. 99.
10 Meier 1976, S. 117.
11 Clarke 1998, S. 99.

Abadan bei Basra im Irak.[12] Eine der Mitglieder dieser Gemeinschaft ist Rabia al-Adawiyya (720-801), eine ehemalige Sklavin, die ihr Leben mit der Suche nach Gott geführt haben soll.[13] Auch sie ist eine der bekanntesten Repräsentanten des Frühklassischen Sufismus.[14]

Ein Problem in der damaligen Zeit war, dass die orthodoxe-muslimische Theologie die sufistische Vorstellung von der Vereinigung mit Gott nicht verstehen konnte. Aus diesem Grund kamen Häresie Vorwürfe gegen einige Sufis, die deswegen hingerichtet wurden.[15]

Die zweite Periode des Sufismus ging vom 11. bis zum 13. Jahrhundert. Hierunter fällt der Postklassische Sufismus.[16]In dieser Zeit stand die sufistische Bruderschaft, das Leben in Gemeinschaften und somit auch das gemeinsame Beten und die Rituale im Mittelpunkt.[17] Der größte islamische Denker und Gelehrte war Ghazâli, der die Theologie mit dem Sufismus versöhnen wollte.[18] Ein weiterer Charakter, der wichtig für diese Zeit und den Sufismus war, ist Mevlana Jalal ad-Din Rumi. Dieser verknüpfte sunnitische, schiitische und nicht-islamische Vorstellungen und Praktiken.[19] Rumi schrieb Geschichten, die mystische Überlieferungen beinhalteten, und auch mystische Gedichte in persischer Sprache[20], welche über das Thema der Beziehung zwischen dem Selbst und Gott waren.[21] Rumis Sohn Walad gründete den Mevlevi-Orden[22], bei dem der Tanz die Form einer rhytmischen, alles umfassenden Körperbewegung annimmt, um eine Trance zu bewirken und dadurch die Vereinigung mit Gott zu erreichen.[23]

„Erneut lag der Schwerpunkt im islamischen Osten, in Anatolien, Iran, Transoxanien und Indien."[24] Noch heute ist der Sufismus eine Angelegenheit

---

12 Ebd.
13 Clarke 1998, S. 99.
14 Krämer 2011, S. 162.
15 Clarke 1998, S. 99.
16 Meier 1976, S. 119ff.
17 Clarke 1998, S.99.
18 Ebd.
19 Krämer 2011, S.164.
20 Ebd.
21 Clarke 1998, S.99.
22 Krämer 2011, S.164.
23 Clarke 1998, S. 98.
24 Krämer 2011, S. 165.

des Individuums, der den eigenen Weg zur göttlichen Wahrheit sucht.[25]

## 4. Die Pflichten gegenüber Freunden im Sufismus

Am Anfang dieses Kapitels möchte ich auf die Wichtigkeit von Freundschaft eingehen und eine kurze Definition des Begriffs der Freundschaft nach Ghazâli geben.

Das Freundschaft-Halten wird als eine gute Sinnesart angesehen, da es Liebe und Einmütigkeit mit sich bringt. Im Gegensatz dazu wird die Entfremdung von einem Freund als böse Sinnesart gesehen, da dies zu Hass, Neid und Verfeindung führt.[26] Das bedeutet, man solle Freundschaft halten auch zu dem, der das Band der Freundschaft zerreißt und dem verzeihen der Unrecht tut und so auch von Entfremdung von Freunden Abstand halten. Jedoch gibt Ghazâli hier auch ein Zitat, der eine Warnung gibt: „Da sprach Gott: <O David, sei wach und suche dir Freunde; doch meide den, der dir nicht hilft auf dem Weg zu mir, denn er macht dein Herz hart und entfernt dich von mir.>"[27] Hieran erkennt man, wie wichtig die Freundschaft ist, jedoch sollte man trotzdem beachten, dass man sich nicht von Gott entfernt, weil es im Sufismus genau darum geht, dass man eine direkte und enge Verbindung zu Gott anstrebt. An diesem Beispiel erkennt man auch, dass von Askese abgeraten wird, da es davor heißt: „Gott offenbarte sich David und sprach: <O David, warum fliehst du die Menschen und sitzest allein?> David sprach: <Herr, die Liebe zu dir hat das Andenken der Menschen aus meinem Herzen getilgt, ich habe Widerwillen gegen sie alle.> Da sprach Gott: <O David, sei wach und suche dir Freunde; [...].>"[28] Hier wird deutlich, dass von der Isolation und Askese abgeraten wird und man sich Freunde suchen soll, um Gott näher zu kommen, was in der zweiten Periode des Sufismus auch durch die Sufi-Orden in das Zentrum des Sufismus gerückt wurde. Das Leben in der Gemeinschaft hatte an Wichtigkeit zugenommen, da man kollektive Rituale

---

25 Ebd.
26 Al-Ghasāli, Abū-Ḥāmid Muḥammad Ibn-Muḥammad; Ritter, Hellmut: Das Elixier der Glückseligkeit. Sonderausg. München: Diederichs 1998, S. 76.
27 Al-Ghasāli, S. 79.
28 Ebd.

ausübte und gemeinsam den Weg zu Gott finden sollte. Ein weiterer Punkt bei der Freundschaft ist, dass man eine Freundschaft annehmen sollte, wenn man die Liebe und die Freundschaft einer Person wahrnimmt. Das erkennt man an folgender Stelle: „Omar sprach: <Wenn einer von euch von seinem Bruder Liebe erfährt, so greife er danach, denn gar selten wird ihm solches zuteil werden.>"[29] Der Khalif Omar erklärt hier, dass Freundschaft so selten ist, dass man es wertschätzen sollte, falls man dies von jemandem wahrnimmt. Omar benutzt hier das Wort „Bruder", woran man erkennen kann, dass Freunde den Status eines Bruders bekommen haben und somit zur Familie gehörten, was auch die Verbundenheit von Freunden erklärt. An diesen Beispielen findet man die Grundzüge des Sufismus in der zweiten Periode, da es dort um den kollektiven Zusammenhalt der Gemeinschaft geht und somit auch um das Festigen des Freundschaftsbandes.

Im Weiteren unterscheidet Ghazâli zwei Arten von Freundschaft: die zufällige Freundschaft, wie zum Beispiel Nachbarschaft oder Zusammensein in Schule oder Markt, und die willkürliche Freundschaft, die zweckgesteuert und bewusst ist. Religiös gesehen, ist diese Art von Freundschaft vom Wert, da nur der Wille zur Handlung verdienstlich gemacht werden kann.[30] Weiterhin führt Ghazâli vier Arten der Liebe auf, wobei hier angemerkt sei, dass es nicht um die Liebe zwischen Mann und Frau geht, sondern um die Liebe in der Freundschaft und der Bruderschaft. Die erste Art der Liebe ist die Liebe, die Menschen seiner selbst Willen zu lieben, das heißt wenn man die Eigenart der Person mag und sich freut wenn man die Person sieht.[31] Die zweite Art der Liebe ist die Liebe als Mittel zum Zweck. Hier geht es darum, jemanden aus Liebe zu einem anderen Gegenstand, wie zum Beispiel Gold, Silber, Ruhm oder Macht, zu lieben. Diese Gegenstände sind zeitliche Güter.[32] Demnach geht es in der dritten Art der Liebe, um die Liebe der ewigen Güter Willen, wie zum Beispiel aus Liebe zum Wissen. Diese Art finden wir zum Beispiel in der Beziehung von Lehrer und Schüler. Der Schüler liebt seinen

---

29 Ebd., S. 80.
30 Ebd., S. 80.
31 Ebd., S. 81.
32 Ebd., S. 85.

Lehrer, weil er durch ihn Wissen vermittelt bekommt und der Lehrer liebt seinen Schüler, weil er belehrt werden will. Aus diesem Grund wird diese Art der Liebe als Liebe in Gott gesehen, was auch bedeutet dass sie von Gott geliebt werden.[33] Die vierte und höchste Art der Liebe ist die Liebe in Gott und um Gotteswillen. Bei dieser Art wird nicht nur die Person geliebt, sondern alles was in Verbindung mit der Person steht, somit überströmt die Liebe zur Person auf alles was in seinem Umkreis liegt.[34] Dies trifft natürlich nur bei besonders starker Liebe auf. Diese Liebe liegt auch im Herzen jenes Sufis, der Gott ohne einen anderen Gewinn liebt. Ghazâli erklärt das wie folgt: „So ist auch die Liebe zu Gott, wenn es stark ist, dass Herz so überwältigt und in Besitz nimmt, dass sie die Grenzen der Leidenschaft erreicht, so strömt sie über auf jegliche Wesen außer ihm, weil jegliche Wesen eine Spur seines allmächtigen Wirkens ist."[35] Das Überströmen der Liebe zu Gott erkennen wir auch an den Mitgliedern des Sufismus. Sie meditieren und üben aus Liebe zu Gott dhikr aus, welcher sie zur Ekstase führt. Ghazâli schreibt hierzu folgendes: „Wir meinen also, daß die Liebe zu Gott, wenn sie stark ist, als Frucht hervorbringt die Liebe zu dem, der Gott recht dient in Wissenschaft oder Werken, und die Liebe zu dem, der eine Gott wohlgefällige Eigenschaft hat, [...]."[36] Daraus lässt sich ableiten, dass die Liebe zu Gott eine Gegenwirkung auslöst, bei der die Liebe dann auf die Personen überströmt, die ebenfalls Gott lieben. Somit entsteht die Freundschaft und Bruderschaft der Menschen, die ein gemeinsames Ziel haben: Die liebe zu Gott.

Ebenfalls wird die Freundschaft als Band beschrieben, die dem Band der Ehe gleicht, das heißt beide haben Rechte und Pflichten gegenüber des Freundes, wie zum Beispiel Treue, Aufrichtigkeit oder die Leichtmachung der Freundschaft. Diese Rechte und Pflichten unterteilt Ghazâli in acht Punkte.[37]

---

33 Ebd., S. 86ff.
34 Ebd., S. 90f.
35 Ebd., S. 91.
36 Ebd., S. 92.
37 Ebd., S.102.

## 1. Die Pflicht der Hingabe von Hab und Gut

Diesen Punkt unterteilt Ghazâli in 3 Stufen: Die erste Stufe beinhaltet das Gleichstellen von Sklaven und Dienern und das Sorgen um ihre Bedürfnisse. Die zweite Stufe sagt aus, dass man seinem Freund das Gleiche zustehen lassen soll, wie einem selbst, das bedeutet man sollte sein Hab und Gut mit dieser Person teilen. Die dritte und letzte Stufe sagt, dass man den Bruder über sich selbst stellen und so Leben soll, dass man sein eigenes Leben für das Leben seines Bruders geben würde. Ghazâli erklärt hier auch, dass wenn man sich mit seinem Freund und Bruder auf keinem der drei Stufen sieht, man kein Band der Bruderschaft hat, die Freundschaft nur oberflächlich ist und nicht in die Tiefe geht.[38] Ein Beispiel, wie man das Teilen des Hab und Guts verstehen kann, ist folgender: „Masrûk war mit Chaithama verbrüdert und beide hatten schulden. Da bezahlte Masrûk die Schulden des Chaithama und Chaithama die Schulden des Masrûk, ohne daß einer vom anderen wußte."[39] An diesem Beispiel erkennt man, wie man die erste Pflicht zu verstehen hat. Beide haben dem anderen geholfen, ohne etwas zu sagen, obwohl sie selbst Schulden hatten. Dies wäre die Basis einer Freundschaft.

## 2. Die Pflicht der Hilfestellung mit der eigenen Person

Hierbei geht es um das Helfen, ohne dass man darum gebeten wird. Die niedrigste Stufe wäre jedoch, dass man Hilfestellung gibt, wenn man darum gebeten wird und dankbar ist, dass man helfen durfte.[40] Ghazâli gibt hier ein Beispiel wie es früher war: „Manche der Alten haben nach dem Tode ihres Bruders vierzig Jahre lang für dessen Kinder gesorgt und sie mit allem Nötigen versehen, haben sie täglich aufgesucht [...], so daß sie vom Vater nichts vermißten als seine persönliche Gegenwart, ja von dem Freunde mehr Gutes erfahren, als sie je von dem Vater zu dessen Lebzeiten erfahren hatten."[41] An diesem Beispiel erkennt man, wie wichtig es ist, seinem Freund zu helfen und darauf zu achten, wann der Freund dich braucht, ob zu

---

38 Ebd., S. 102f.
39 Ebd., S. 106.
40 Ebd., S.107.
41 Ebd., S. 108.

Lebzeiten oder nach dem Tod. Dieses Beispiel verdeutlicht, wie eine Freundschaft sein sollte, und zwar sollte man dem Freund immer helfen und auch nach seiner Familie schauen, weil man die Pflicht hat ihm zu helfen. Bemerkenswert ist auch, dass man dankbar dafür sein muss, dem Freund helfen zu dürfen, da man dadurch Gott näher kommt.

### 3. Die Pflicht der Zunge zu schweigen

Unter diesen Punkt fallen die Pflichten zu schweigen und nicht streiten mit dem Freund, nicht aufhorchen und nicht ausfragen. Außerdem sollte man schweigen über das, was der Freund einem anvertraut. Ein weiterer Punkt wäre, dass man dem Bruder nicht ins Gesicht tadeln solle und ihn nicht kränken solle. Wenn man einen Fehler des Freundes gesehen hat, der ihn in den unrechten Weg führt, solle man natürlich was sagen, aber ohne den Gegenüber zu kränken. Auch das Nachreden über die Fehler des anderen ist strengstens Verboten. Wenn man einen Fehler wahrnimmt, solle man sich zuerst seine eigenen Fehler vergegenwärtigen und dem Gegenüber mit milderen Augen sehen, weil alle Menschen Fehler haben. Ghazâli rät dem, der jemanden ohne Fehler sucht, er solle auf die Gesellschaft von Menschen verzichten, da man nie jemanden finden würde, mit dem man sich verstehen kann.[42] Unter den Punkt Schweigen fällt auch das Schweigen mit dem Herzen, dies bedeutet man solle nicht schlecht über den Freund denken, da dies zu Verdacht führt und das führt zum Spionieren und zum Nachspüren. Deswegen erklärt Ghazâli, dass man die Fehler des Freundes bedecken und sie übersehen sollte.[43] Es wird auch gesagt, dass kein Mensch den rechten Glauben hat, solange er nicht seinem Bruder dasselbe wünscht, was er sich selbst wünscht.[44] „Der Gesandte Gottes sagt:<Wer die Blöße seines Bruders bedeckt, den bedeckt Gott in dieser und in jener Welt.>"[45] An diesem Zitat des Propheten stellt man fest, wie wichtig das Beschützen und Bedecken des Freundes Fehler eigentlich ist, da er davon spricht, dass Gott im Gegenzug

---

42 Ebd. S. 110ff.
43 Ebd. S. 112f.
44 Ebd. S. 114.
45 ebd. S. 115.

dafür die Fehler und Sünden bedecken wird, was eine sehr große Bedeutung im Islam hat.

## 4. Die Pflicht der Zunge zu reden

Unter diesem Punkt fasst der Autor die Pflicht zusammen, zu reden um den Freund zu loben, zu belehren oder ihn zu beschützen. Man solle den Bruder loben, da dadurch die Liebe größer wird. In diesem Kontext erwähnt er auch, dass der Prophet folgendes sagte: „Beschenkt euch untereinander, so gewinnt ihr einander lieb."[46] Wenn man mitkriegt, wie dem Freund übel nachgeredet wird, so solle man ihm helfen und ihn in Schutz nehmen, um die Liebe und das Vertrauen des Freundes zu gewinnen. Wenn man jedoch nicht imstande ist, den Bruder in der Öffentlichkeit zu schützen, dann wäre es besser für einen, sich in die Einsamkeit zurückzuziehen, als Freundschaft und Bruderschaft zu pflegen, so Ghazâli.[47] Ghazâli erklärt, dass man den Bruder ermahnen und belehren sollte, jedoch nur unter vier Augen und nicht in der Öffentlichkeit, da dies jeden verletzen würde. Dazu gibt er ein Zitat von Schâfi´i: <Wer seinen Bruder im Verborgenen ermahnt, der gibt ihm guten Rat und schmückt ihn, wer ihn aber öffentlich ermahnt, der beschämt ihn und stellt in bloß.>[48] Man erkennt an diesem Zitat, dass man im Verborgenen die Beziehung der Freundschaft stärken kann und das Herz des Freundes gewinnen kann, da man sich um ihn sorgt. Andernfalls bricht man ihm nur das Herz und die Freundschaft zerbricht. Weiterhin wird in dieser Pflicht deutlich, dass die Zunge zum Reden mehr für das Loben und für das Gewinnen des Herzen des Freundes benutzt werden sollte. Daran erkennt man, wie die Zunge und das Herz im Sufismus in Beziehung stehen. Und zwar wirken Herz und Zunge aufeinander ein. Aus diesem Grund muss man mit der Zunge schweigen, um das Herz des Bruders nicht zu kränken und Reden, um das Wohlwollen des Freundes zu erhalten.

---

46 ebd. S. 119.
47 ebd. S. 120f.
48 ebd. S. 122.

## 5. Die Pflicht, die Fehltritte zu verzeihen

Bei den Fehltritten unterscheidet Ghazâli zwei Arten: die Fehltritte gegen Gott und die Fehltritte gegen die eigene Person oder die Verletzung der Bruderschaft. Bei den Sünden gegen Gott, sollte man den Freund ermahnen und ihm helfen, wieder zurechtzufinden. Wenn es einem nicht gelingt, sollte man entweder die Freundschaft auflösen oder weiterhin die eigenen Pflichten erfüllen. Es gab beide Sichten bei den Gefährten des Propheten.[49] Ein Grund für das Auflösen der Freundschaft wäre, dass man keine Freundschaft mit dem haben sollte, der Sünde tut.[50] Ein Grund dagegen wäre jedoch, dass man seinem Freund treu sein sollte und ihn nicht verlassen sollte, wenn sein Geld oder seine Seele in Not ist.[51] Ghazâli ordnet sich keiner der beiden Seiten zu, jedoch erkennt man, dass er mehrere Belege gegen das Abbrechen der Freundschaft anführt. Er erklärt, dass das Abbrechen einer einmal bestehenden Freundschaft untersagt und an sich auch tadelnswert ist.[52] Er führt an, dass man die Entschuldigung eines Freundes annehmen sollte, egal ob es erfunden oder wahr ist.[53] An diesem Punkt erkennt man, wie wichtig es ist, dass man die Freundschaft nicht aufgibt und um den Freund wirbt, weil die Treue zum Freund stärker sein sollte, als das Ego.

## 6. Die Pflicht der Fürbitte

Eine weitere Pflicht in der Freundschaft ist es, dem Freund und Bruder Fürbitte zu Lebzeiten und nach dem Tod zu sprechen. Das bedeutet, dass man beim Beten seinem Freund das wünschen soll, was man sich selbst wünschen würde. Hierzu wird folgendes Zitaten des Propheten abgeführt: „Wenn ein Mann im Verborgenen für seinen Bruder Fürbitte tut, so spricht der Engel: <Und dir das Gleiche!>, [...]."[54] Auch die Fürbitte nach dem Tod ist für den Freund sehr wichtig, da es wieder die Treue und die Liebe zu ihm zeigt. Weiterhin ist es für den Bittenden selbst, da Ghazâli schreibt: „Und es

---

49 Ebd. S. 125.
50 Ebd. S. 125.
51 Ebd. S. 127.
52 Ebd. S. 129.
53 Ebd. S. 131.
54 Ebd. S. 132.

wird gesagt: „Wer den Tod seines Bruders erfährt und Mitgefühl für ihn zeigt und für ihn um Vergebung bittet, dem wird es angerechnet, als ob er an seinem Leichenbegängnisse teilgenommen hätte."[55] In diesem Abschnitt wird deutlich, wie viel man zurück bekommt, obwohl man den Freund ohne einen anderen Zweck liebt und für ihn betet. Das ist wieder ein Punkt, was zu Motivation eines Sufis viel aussagt, da er im Gegenzug nichts erwartet, jedoch Gott näher kommt mit jeder Tat, die er für seinen Freund tut.

### 7. Die Pflicht der Treue und Aufrichtigkeit

Auch die Treue zum Freund ist eine Pflicht der Freundschaft. Unter Treue versteht Ghazâli kein Neid und keine Missgunst gegenüber dem Bruder zu haben. Man solle die Demut vor dem Bruder nicht verlieren, auch wenn man Ansehen und Macht gewinnt.[56] Für die Freundschaft sei es auch wichtig, dass man nicht auf andere hört, wenn etwas über den Freund erzählt wird, da das nur Feindschaft und Hass bringe.[57] Schâfi´i sagt dazu: „Wenn dein Freund deinem Feind gehorcht, so sind beide deine Feinde."[58] Deswegen rät Ghazâli nicht mit den Feinden des Bruders Freundschaft zu schließen, da es um das Vertrauen und die Treue zum Freund geht.    Außerdem schließt man Freundschaft auf unbestimmte ewige Zeit, wofür Treue steht. Auch im Sufismus ist die Treue für die Gemeinschaft und für der Freundschaft sehr wichtig, da man Sufi nicht auf eine bestimmte Zeitspanne wird. Man übernimmt es für das ganze Leben und distanziert sich nie komplett. Das erkennt man auch am Leben des Imam al-Ghazâli. Nachdem er sich in seiner Verwirrung dem Sufismus anschließt, entfernt er sich nie davon, sogar dann als er zurück in seine Heimat kommt und wieder an der Madrasa lehrt, ist er Teil der Sufi-Gemeinschaft.

### 8. Die Pflicht, die Freundschaft leicht zu machen und alle Förmlichkeiten und allen Zwang zu vermeiden

---

55 Ebd. S. 133.
56 Ebd. S. 135.
57 Ebd. S. 137.
58 Ebd.

Hierbei geht es darum, dem Freund nicht lästig zu werden und ihn in Ruhe zu lassen mit den eigenen Problemen. Man sollte nicht Förmlich sein, denn das entzweie die Bruderschaft, wie an folgendem Beispiel deutlich wird: „Fudail sagt: <Das, was die Leute entzweit, sind die Förmlichkeiten. Wenn einer seinen Freund besucht, und der begegnet ihm mit Förmlichkeiten, so wird er ihm entfremdet.>"[59] Eine weitere Quelle sagt: „Man fragte einen Mann: <Wen nimmst du zum Freunde?> Er sprach: <Den, der die Last der Förmlichkeit von mir nimmt, und bei dem ich mir keinen Zwang antun muß.>" [60]

Ghazâli ist der Meinung, dass man die Kritik am Bruder unterlassen sollte, da jeder selber entscheiden sollte, wie er Gott dienen möchte.[61] Hieran erkennt man auch die Grundzüge des Sufismus, da einige Sufis sich einer Gemeinschaft nur unter vier Bedingungen anschlossen: „Wenn der eine den ganzen Tag aß, so sollte der andere nicht sagen dürfen <Faste!>, und wenn einer immerwährend fastete, sollte der andere nicht sagen dürfen <Iß!>, und wenn er die ganze Nacht schlief, so sollte der andere nicht sagen dürfen <Steh auf!>, und wenn er die ganze Nacht betete, so sollte er nicht sagen <Leg dich schlafen!>, [...]."[62] Der Freund sollte sich also nicht einmischen dürfen, wie der andere Gott dienen möchte und was er wann macht. Denn dies könnte auch zur Verachtung des Gegenüber führen und der Freundschaft schädigen.

Die Grundbedingung der Bruderschaft und Freundschaft ist die, seine eigenen Pflichten zu kennen und dem Freund zu dienen und die Pflichten des Bruders nicht zu beachten.[63] Wenn beide Freunde diese Grundbedingung erfüllen, dann wäre es eine sehr gute innige Freundschaft, da beide fair behandelt werden. Weiterhin ist es in einer Gemeinschaft wichtig, sich um andere zu kümmern, da man durch die Freundschaft und die Liebe zu

---

59 Ebd. S. 137ff.
60 Ebd.
61 Ebd. S. 140.
62 Ebd. S. 140.
63 Ebd. S.141.

Freunden Gott überhaupt näher kommen kann. Wie am Anfang bereits erwähnt, überströmt die Liebe zu Gott auf alle Lebewesen, die mit ihm in Verbindung stehen. Somit bedeutet die Liebe zu den Lebewesen und zu dem Bruder die Liebe zu Gott.

## 5. Fazit

Abschließend lässt sich festhalten, dass die Freundschaft im Sufismus des 11. Jahrhunderts von der Person ausgehend gestaltet ist. Dies wird vor allem bei der Grundbedingung der Freundschaft klar, da Ghazâli nur von den Pflichten der Person spricht, jedoch nicht welche Pflichten der Gegenüber hat. Natürlich schließt sich der Kreis, da beide Parteien die selben Pflichten haben, aber es ist bemerkenswert, dass der Sufi nur seine Pflichten beachtet und ohne Erwartungen vom Gegenüber handelt. Somit entsteht eine Gemeinschaftsband, welcher innig und ohne Erwartungen und nicht selbstzentriert ist, was im Sinne des Sufismus wichtig für die Verbindung zu Gott ist, da man erst dann die wirkliche Liebe erkennt, wenn man sich und sein Ego hinter sich lässt und im Sinne der Gemeinschaft und des Freundes handelt. Weiterhin lässt sich erkennen, dass der zwischenmenschliche Umgang der Freunde immer auf Liebe basieren, das bedeutet, dass sie einander nichts böses wollen und alles tun, damit der Freund und Bruder sich wohl fühlt. Somit könnte man abschließend sagen, dass der Weg zur Glückseligkeit der ist, der seinem Freund mehr Liebe und Ehre schenkt als sich selber, denn nur so kann man das Wohlwollen Gottes erhalten und die ewige Glückseligkeit erreichen.

# 6. Literaturverzeichnis

- Al-Ghasāli, Abū-Ḥāmid Muḥammad Ibn-Muḥammad; Ritter, Hellmut: Das Elixier der Glückseligkeit. Sonderausg. München: Diederichs 1998.

- Clarke, Peter B.: „Islam-Unterwerfung unter Gott", in: Peter B. Clarke (Hrsg.): Atlas der Weltreligionen, 3.Aufl., München: Frederking und Thaler 1998, S.84-120.

- Krämer, Gudrun: Geschichte des Islam, 2. Aufl., München: Deutscher Taschenbuch Verlag 2011.

- Meier, Fritz: „The mystic path", in: Bernard Lewis (Hrsg.): The world of Islam, London: Thames and Hudson 1976, S.117-128.

- Al Saad, Silvia (2000): „Die Autobiographie von al-Ghazali" in: *al-Sakina*, http://www.al-sakina.de/inhalt/studien/ghazali/ghazali.html (Letzter Zugriff: 12.07.2014)